Michaela Hanauer

Drei Dinos entdecken die Welt

Illustriert von Steffen Winkler

www.leseloewen.de

ISBN 978-3-7855-7828-5
1. Auflage 2014
© 2014 Loewe Verlag GmbH, Bindlach
Umschlagillustration: Steffen Winkler
Reihenlogo: nach einem Entwurf
von Angelika Stubner
Printed in Italy

www.loewe-verlag.de

Inhalt

Vorsicht, Eierdiebe!

Am Waldrand
taucht eine Herde auf.

Es sind große Dinosaurier –
Iguanodons, die Blätter
von den Bäumen abweiden.

Iluna sucht noch etwas anderes.

Da vielleicht?
Nein, zu wenig Sonne!
Oder dort drüben?
Nein, zu ungeschützt!

Endlich, hier ist es prima!
Iluna gräbt eine Mulde
und legt ihre Eier hinein.

Es knackt im Gebüsch.
Iluna horcht auf.

Schleicht da jemand
um das Nest herum?
Vielleicht ein Oviraptor?

„Komm heraus, du Eierdieb!",
ruft Iluna.

Ein Polacanthus zeigt sich.
„Ich bin Polly und fresse
bloß Pflanzen so wie du!",
behauptet das Dinoweibchen.

„Was willst du dann hier?",
fragt Iluna argwöhnisch.

„Lass mich bei dir brüten!
Ich helfe mit, die Nester
zu bewachen", bettelt Polly.

Iluna betrachtet Pollys
spitze Dornen am Körper.
Bestimmt gut zur Verteidigung!
„Einverstanden!", sagt sie.

„Pick, pick, pick!",
tönt es nach ein paar Wochen.

Iluna stürmt zu ihrem Nest.

Zärtlich betrachtet sie
die beiden Babydinos.
„Dich nenne ich Iggy!
Und dich Ina!"

Auch Polly kümmert sich
um ihre Jungen.
„Bleibt brav im Nest.
Auch du, Polus!"
Sie stupst ihren Sohn an.

Aber Polus ist zu neugierig.
Er tappt über den Nestrand.

14

Die Nestflüchter

„Wo willst du hin?",
fragt Iggy von nebenan.

„Die Welt entdecken!",
antwortet Polus.

„Ich komme mit!",
beschließt Iggy.
„Ich auch!", kräht Ina.

Ehe ihre Mütter es merken,
sind die drei bereits
ins Unterholz geschlüpft.

„Links oder rechts?",
fragt Iggy.
„Geradeaus!", bestimmt Polus.

„Wieso wackelt die Erde so?",
fragt Ina.

Tatsächlich, die Erde bebt!
Zuerst nur leicht.
„Das ist ganz normal",
behauptet Iggy.

Doch es wird stärker.
Ina hebt bei jedem Rumms
fast vom Boden ab.

„Lasst uns nachprüfen,
woher das kommt!", meint Iggy.

Am Waldrand entdecken sie nichts.
„Los, steig auf meinen Rücken,
dann siehst du mehr!",
schlägt Polus Iggy vor.

Iggy zuckt zurück.
„Deine Stacheln sind zu spitz!
Klettere lieber du auf mich."

Polus ist zu schwer für Iggy.

„Ich kann dich nicht halten!"
Beide purzeln auf die Wiese.

„Vorsicht!"
Ina steht aufrecht und deutet
mit ihren dornigen Daumen
nach hinten.

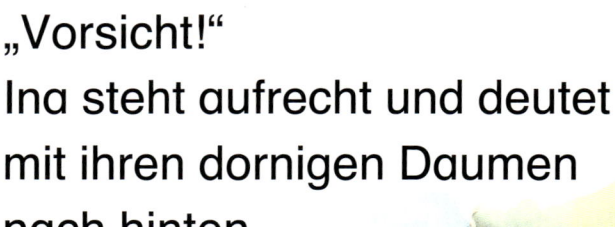

Die Dinojungen drehen sich um.
Beine größer als Baumstämme
stapfen auf sie zu.
Wumm, wumm, wumm!

Polus und Iggy rennen los.
Aber die Riesen brauchen
nur einen einzigen Schritt,
um sie einzuholen.

Ein massiger Fuß
kommt auf Polus und Iggy zu …

Die Dinorutsche

Der Fuß bremst ab.
Statt eingestampft zu werden,
biegt sich ein langer Hals
zu ihnen herab.
„Das war aber knapp, was?"

Polus und Iggy bringen
vor Schreck keinen Ton raus.

22

Ein zweiter Kopf zeigt sich.
„Was hast du da, Bo?"
„Keine Ahnung, Ba,
sie sind stumm wie Steine."

„Aber niedlich", juchzt Ba,
„darf ich sie behalten?"
„Meinetwegen", sagt Bo.

„Nein", krächzt Polus.
Doch Ba hört ihn nicht.

Bo stupst die Dinojungen
einfach auf Bas Kopf.
Dann geht er mit Ba weiter.

„Was machen wir jetzt?",
flüstert Iggy.

„Mir nach!", bestimmt Polus.
Er dreht sich um
und dann rutscht er los.
Den langen Hals hinunter.

Einmal hebt er kurz ab und
landet wieder auf allen vieren.
Iggy rutscht hinterher.

„Hui, jui, jui!", grölt Iggy.
Sie erreichen den Rücken.
Ba merkt zum Glück nichts.

„Land in Sicht!", ruft Polus.
Jetzt bloß nicht
das Gleichgewicht verlieren!

In dem Augenblick wippt Ba beim Gehen mit dem Schwanz.

In hohem Bogen werden die zwei durch die Luft geschleudert.

Autsch! Unsanft landen sie auf dem Boden.

Zwischen den Farnen
taucht Ina auf.
„Ihr seid gemein!
Einfach ohne mich zu rutschen!"
Polus ist entrüstet.

„Das war nicht zum Spaß, Ina!
Wir waren auf der Flucht!"

„Lustig war es trotzdem",
gibt Iggy zu.

„Euch wird das Lachen
gleich vergehen!"

Das war nicht Ina.
Die Stimme kam aus den Bäumen.

Der Hai der Dämmerung

Polus stellt die Stacheln auf
und tritt vor seine Freunde.
„Leg dich nicht mit mir an,
du Flattermann!"

Der Nemicolopterus Nebo
kichert auf seinem Ast.

„Du hältst dich für stark,
weil du einem harmlosen
Brachiosaurus entkommen bist?"

Polus wird rot.

Aber Nebo schimpft weiter.
„Eure Mütter weinen vor Sorge
und ihr spielt Rutschbahn!"

„Ich will heim", jammert Ina.
„Wir haben uns verlaufen",
meint Iggy.

„Typisch Dinobaby!",
keift Nebo.

„Wir sind keine Babys mehr!",
behauptet Polus.

„Wie ihr meint!"
Nebo will davonfliegen.

Da sieht er einen Schatten.
„Vorsicht, da kommt Eo,
der Hai der Dämmerung!"

„Los, wir rennen!", sagt Ina.

„Sinnlos, Eo ist größer
und schneller!", wispert Nebo.
„Duckt euch unter die Büsche
und hofft auf eure Tarnfarbe!"

Nebo versteckt sich
in einer Baumkrone.

Langsam nähert sich Eo.
Grimmig blickt er umher.
Er sucht Nahrung.

Iggy, Ina und Polus
sehen die langen Krallen
und Zähne, spitz wie Dolche.

Polus, Iggy und Ina zittern
in ihrem Versteck.

Eo schnüffelt.
Er dreht sich zu dem Busch.
Oh nein, gleich hat er sie!

Lauf, Polus, lauf!

Plötzlich schießt Polus
unter dem Strauch hervor.

Ist er verrückt geworden?
Polus rast durch Eos Beine.

Erst ist Eo zu verwirrt,
um Polus zu verfolgen.
Doch dann trabt Eo los.

Vorneweg rennt Polus
im Zickzack um die Bäume.

Eo passt nicht
durch die Baumlücken.
Er stößt sich den Kopf.
Einmal, zweimal, dreimal …

Eo will den Winzling schnappen!

38

In seiner Wut merkt Eo nicht,
wohin Polus läuft.

Es ist ein schmaler Steinpfad,
der wie eine Brücke
über eine Schlucht führt.

Auf der Mitte des Weges
bröckeln die Steine.
Eo gerät ins Stolpern.

Polus ist weiter vorne,
aber für ihn ist es auch knapp.
Schafft er es zur anderen Seite?

Mit lautem Krachen fallen
die ersten großen Brocken ab.

„UAH!", brüllt Eo
und stürzt in die Tiefe.

Polus schliddert zum Abgrund.
Plötzlich wird er hochgehoben.

„So klein und schon so schwer!",
schimpft Nebo.
Mit seinen Krallenfüßen hat er
Polus an den Dornen gepackt.

Ächzend fliegt Nebo mit Polus
bis zu Iggy und Ina.

Nebo grinst Polus an.
„Ganz schön mutig für ein Baby!"

„Ganz schön kräftig
für einen kleinen Flieger",
gibt Polus zurück.

Dann führt Nebo die Dinos
nach Hause.
Iluna und Polly umarmen
ihre Kinder überglücklich.

„Und wann machen wir
den nächsten Ausflug?",
flüstern Iggy und Ina.
„Morgen!", raunt Polus zurück.

ISBN 978-3-7855-7029-6

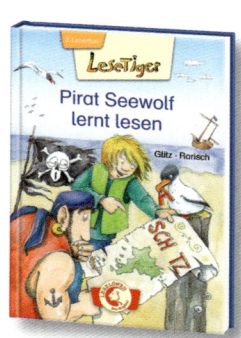

ISBN 978-3-7855-7032-6

ISBN 978-3-7855-7701-1

ISBN 978-3-7855-7437-9

ISBN 978-3-7855-7600-7

ISBN 978-3-7855-7707-3

ISBN 978-3-7855-7932-9   ISBN 978-3-7855-7438-6   ISBN 978-3-7855-7771-4

Die Reihe *Lesetiger* richtet sich an Leseanfänger ab 6 Jahren. Kunterbunte Geschichten zu beliebten Themen erleichtern den Erstlesern den Start in die Welt der Buchstaben. Ganz kurze Textabschnitte in großer, gut lesbarer Fibelschrift sorgen für einen sicheren Leseerfolg; viele farbige Bilder tragen zusätzlich zum Textverständnis bei. So macht das erste Selberlesen Spaß!